¶ Le moyen de soy enri-
chir profitable et vtille a
toutes gens Compose par
maistre Fracoys Girault.

¶ Imprime a Paris Rue
sainct Jaques au dessus de
la ✠ sainct Benoist.

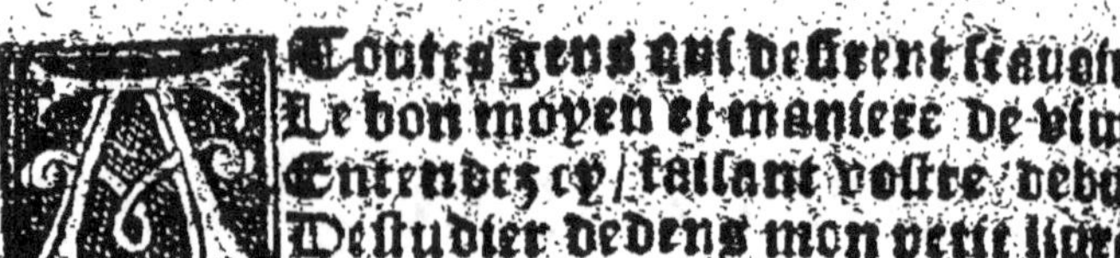

Toutes gens qui desirent scauoir
Le bon moyen et maniere de viure
Entendez cy / faisant vostre debuoir
Destudier dedens mon petit liure
Se quil en dit cest vng mot a desir
Mais touteffois il fait bon biens auoir
Qui veult riche estre il doibt de loing preuoir

Se desires estre riche en ce monde
Mon bon amy entens vng peu icy
Et tu voiras par penfee pur & munde
Comme auras biens sans auoir grant soucy
Pour estre riche il te fault faire ainsi
Cest espargner et non estre trop chiche
Par ce moyen tu pourras estre riche

Sy tu demande la richesse des cieulx
Je ten diray bien la maniere
Entens vng peu mon vouloir precieulx
Quay pour estandard et baniere
Cest que iay damour singuliere
Mon seul record a nostre redempteur
Lequel ie tiens pour mon bien & aucteur

Le tresor des cieulx me semble bon
Qui ne le treuue bon est fol homme
Cest pour estre bien riche / et gardon
En auras de dieu brefue somme
Entens bien la maniere comme
Je te vueil ce don enseigner
Cest qua tes malfaicteurs pardonne
Par ce point pourras gaigner.

Sy tu veulx bien les deux acquerre
Tu le feras facillement
Riche aux cieulx et sur la terre
Et tu ny fauldras nullement

Regarde la paresseusement
Quant tu fus ne tu nauois rien
Quant tu mourras semblablement
Aussi tu nemporteras rien

¶ En ce monde tu veulx des biens
Il est bien eureux qui en a
Entens icy ce mot retiens
Je te diray ou il y en a
Quant le matin est venu va
En ta besongne et par raison
Ainsi que de coustume on a
Tu auras des biens a foyson

Quant tu auras tout le iour besongne
Il ne te fault pas tout despandre
Car qui despent plus qui na gaigne
On nen tient conte bien ten remembre
Caton la a tous enseigne
Tes biens aussi tu ne doibz vendre
Mais toufiours amasser et prendre
Ou len taura bien enseigne

Pour estre riche dauantaige
Entens vng peu que ie vueil dire
Sers toufiours dieu cest le passaige
Et ne le vueille en rien desdire
En te mocquant tu pourrois rire
Disant ie ne desoibz point dieu
Si faitz/te marrissant par ire
Le despitant a chascun lieu

En ce monde qui veult riche estre
Il fault premier quil ait bon maistre
Se leuer matin ¬ couche tart
Sans estre de nul rien fetart
Car qui veult auoir grant richesse

B ii

Il fault quil ait en foy prouelle
Et defpendre fans follier
Le bien quil a peu aller

Prefuoir de loing enrichift lhomme
Chaftement viure nourrift lhomme
Donner pour dieu ne pourift homme
Lhomme en ces trois pointz enrichira
Et iamais il napourira

De donner pour dieu plus auras
Que de cela que tu retiendras
Iaucuns font riches pour biens donner
Et les aultres pour pardonner
Pource faitz bien quant il eft rien
Apres ta mort tu ny as rien

Qui veult richeffe tenir en foy
Il ne doibt eftre trop haftif
Ne trop froit ou par ma foy
Il nen voirra ia le motif
Il doibt eftre vng peu actif
Et efpargnable par mefure
Et de fon fait memoratif
Mais ne prefte rien a vfure

Tu voys affez de riches gens
Qui ont eu pourete bien emple
Maintenant il ont force argens
Faitz comme ont fait prens y exemple
Tu diras il faifoit bon temps
Il eft vray mais qui leur refemble
Et leur condition contemple
Fouls meft qui ne pert point temps

¶ Or entens cy vng autre point
Pour eftre riche et a milliers

Fault trauailler rien double point
Mais fuiz toussours ces grenoilliers
Ou grans despens se font pour voir
Et aultres gens irreguliers
Non trop garder en tes garniers
Parce tu pourras biens auoir

Ne te haste point trop dacheter
Et vens selon droit et raison
Pensant de toussours taquiter
Ainsi auras riche maison
Mon amy selon la raison
Pouruoye ton cas et affaire
Et sang doubte ny abusson
Sela riche te pourra faire

Fuis les bordeaulx sur toutes choses
Et ne desrobes rien qui soit
Et tu voirras quen vers et proses
Fait aultrement il se defsoit
Celuy qui riche saparcoyt
Entedez le cas limite
Sy les veult suyure grant mal recoit
Et demeure en mendicite

Noycy vng aultre point nouueau
A gens de petite pratique
Regarde que faict vng oyseau
Cest la parolle euangelique
Il ne seme rien/ sa vie est petite
Aussy il ne faict point de mal
Piens y bien garde se men acquite
Ne loublye pas propos final.

Sy tu estois cent ans au monde
Riche seras ie te promets
Mais quen toy sapience abunde

Et a dieu seruir te sumetz
Vous pourres dire/o voyre mais
Pour estre toussours a leglise
On nest pas serui de tous metz
Sy es sy/ bien tu ten aduise

Mon amy tu peur dieu seruir
En ta besongne comme a la messe
Et te peur de tous poins cheuir
Ie ten fais bon ven et promesse
Pour estre riche prens ton adresse
A frequanter gens qui ont dequoy
Ne te fie pas trop en largesse
Chemine escoute prés garde a toy

Le bon oyseau se faict de soy
Ainsi quon dict communement
Or qui est prudent par ma loy
Les biens luy viennent en dormant
Mais besongner fault songneusement
Et nestre iamais endormi
Et ie te prometz mon serment
Que tu seras riche mon amy

Il ya vng tas de flateurs
Qui diront ie te ferai riche
Ne les crois pas se sont auteurs
De mal/lesquelz nont vaillãt vne miche
Ilz nen font que le serf ou biche
De vouloir poures gens tromper
Ilz diront ilz fault estre chiche
Or garde bien de te coupper

Le regnard pour poulle attrapper
Il va de loing a leschauguette
Le tanneur met ses cuirs tremper
Cest pour le gaing qui lui appete

Aussi fault que de loing te guette
Sy tu veulx amasser du bien
Sans aultrui tromper car pour certe
Qui trompe aultrui iamais na rien
¶ Or entens vng peu le moyen
Tu voys trompeurs toussours de ceux
Par tromperie/dont le lien
Est pire que le mort qui gecte sus
Le poure homme/ de son platsse
Dont ne soys trompeur car iesus
Au iugement nous rendra tus
Si volupte voulons choisir

Se nest pas raison destre riche
Par le moyen daultre appourir
Mieulx vauldroit nauoir q̃ vne miche
Que de tel meschant cas secourir
Tu doibz toussours tes yeulx ouurir
Au labeur par bonne doctrine
Enuers lesglise faisant debuoir
Reclamant la deste irine

Ung homme qui vit iustement
Il est assez riche en ce monde
Car il a biens abondamment
Par vertu qui en luy redonde
Sois doulx par pensee faconde
Ne voulant daultruy rien auoir
Crois ce pour parolle ronde
Par ce pourras richesse auoir

Chalgrin est dangereuse beste
Il fait maulgais auoir ennui
Soulci aussi ie vous atestte
Nul ne doibt reposer en lu.
Semblablement esuite & fut
Tant que pourras melencolie

Car qui les cult entens ceci
Richesse vers lui se ralle.

Prens soing en toy fuiant ma dame opseus
Ayant chagrin en ton bien￮ memoire
Ainsi doibt viure personne vertueuse
Sy des sainctz cieulx veult acquerir la glo[ire]
Gloire des cieulx cest vng riche pretoire
Chascun de vous y doibt faire debuoir
Par ce moyen pourres richesse auoir

Besoing/souffrete/sont dangereulx a veoir
Sil qui les craint certes il na pas tort
Pource messieurs debuons a tous pouruo[ir]
Et de bien faire nous mettant en effort
Fuyant besoing tresdangereux a veoir
Souffrete aussi qui tousiours nous remor[t]
                Lacteur.
Faisons tousiours nostre
Retenons pour nostre
Accomplissant nostre
Noubliant ce qui fault   Debuoir
Considerant qui fault
Obtemperant sans rien
Iesus aymant sans luy
Se sont sept pointz de bien auoir

Gens qui desirez riches
Ie vous prie contemplez que
Retient en soy/et pour son
A vous voyrres vng bien pouure   &c
Uous congnoistres par la fen
Loyaulte & ou elle prealt
Tenant sept vertus en son

    ¶ Espoir de mieulx en soulasnous fait vi[ure]
                Iusque a la Fin.